LOS AYUDANTES DEL CONSTRUCTOR DEL ARCA

5 Historias Para Dormir De Las Pequeñas Criaturas Del Diluvio

BLUME POTTER

INTRODUCCIÓN

Imagine compartir una historia con su hijo o nieto que no solo da vida a la Biblia, sino que también enseña los valores atemporales del coraje, el trabajo en equipo y la fe. The Ark Builder's Helpers: 5 Bedtime Stories of the Small Creatures of the Flood es más que una colección de cuentos para la hora de dormir: es un viaje a través de una de las historias más queridas de la Biblia, contada a través de los ojos de las criaturas más pequeñas y a menudo ignoradas.

Estas historias bellamente elaboradas están diseñadas para cautivar a las mentes jóvenes al tiempo que refuerzan importantes lecciones de vida. Cada capítulo destaca las increíbles contribuciones de las creaciones más pequeñas de Dios —hormigas, arañas, pájaros cantores, ratones y luciérnagas— mostrando cómo incluso los más pequeños entre nosotros tienen un papel especial que desempeñar en el plan de Dios.

Mientras arropas a tus pequeños por la noche, deja que estas historias sean una fuente de consuelo e inspiración. Aprenderán que no importa su tamaño, tienen el poder de hacer una gran diferencia en el mundo. Lleno de calidez, fe y las amables lecciones de la Biblia, este libro es un imprescindible para la rutina de la hora de acostarse de cada familia.

Permita que los Ayudantes del Constructor del Arca iluminen el camino para la imaginación y el corazón de su hijo, guiándolos a dormir con el conocimiento de que el amor y el plan de Dios incluye a todos, sin importar lo pequeño que sea.

CAPÍTULO UNO:
EL EJÉRCITO DE LAS HORMIGAS

En los días previos al gran diluvio, cuando Noé y su familia comenzaron la enorme tarea de construir el Arca, el mundo se llenó de actividad. Pero mientras los altísimos árboles eran talados por manos fuertes y los poderosos animales comenzaban a prepararse para el viaje, un grupo de trabajo mucho más pequeño, pero igualmente importante, estaba trabajando en silencio.

En lo profundo del suelo, bajo las raíces de un viejo roble, vivía una colonia de hormigas. Estas hormigas eran conocidas por su arduo trabajo y su fuerte sentido del deber. Podrían haber sido pequeños, pero sabían que tenían un papel importante que desempeñar en el gran plan que Dios había puesto en marcha.

La Reina Hormiga, sabia y reflexiva, convocó a una reunión con su colonia. "Mis queridas hormigas", comenzó, "hemos recibido una tarea especial. Noah, el constructor del Arca, necesita nuestra ayuda. Aunque somos pequeños, nuestros esfuerzos pueden marcar una gran diferencia. Reuniremos los pedazos diminutos que otros podrían pasar por alto: las hojas, las ramitas, las semillas. Cada uno de nosotros llevará lo que pueda, y juntos, contribuiremos a la construcción del Arca".

Las hormigas asintieron de acuerdo, sus antenas se movían con determinación. Sabían que este era un trabajo para todos ellos, desde el trabajador más joven hasta el recolector más viejo. No había tiempo que perder, y ninguna contribución era demasiado pequeña.

Y así, las hormigas se pusieron a trabajar. Marcharon en largas y ordenadas filas, cada hormiga llevando un poco de paja, un fragmento de hoja o una mota de tierra. Trabajaron incansablemente, desde el amanecer hasta el anochecer, sin parar, sin quejarse nunca. Sus diminutas piernas se movían rápidamente, y sus pequeños cuerpos llevaban cargas muchas veces de su tamaño.

A medida que pasaban los días, Noé notó que las pilas de materiales recolectados se hacían más grandes. Vio a las hormigas trabajando y se maravilló de su dedicación. "Incluso las criaturas más pequeñas de Dios tienen un papel que desempeñar en Su plan," pensó Noé, sonriendo a sí mismo.

Las hormigas continuaron su trabajo, día tras día, sin vacilar. Sabían que el Arca no estaría completa sin sus contribuciones, y se enorgullecían de sus esfuerzos. A través de su diligencia y trabajo en equipo, las hormigas demostraron que incluso las criaturas más pequeñas pueden tener un gran impacto cuando trabajan juntas.

Cuando el Arca estaba lista para zarpar, las hormigas habían hecho su parte. Las pequeñas ramitas y hojas que habían reunido se tejieron en la estructura, ayudando a fortalecer el gran recipiente. Cuando la lluvia comenzó a caer, las hormigas se retiraron a su hogar subterráneo, sabiendo que habían cumplido con su deber.

Y así, la historia del Ejército de las Hormigas se convirtió en una lección para todos: la lección de que no importa lo pequeño que seas, tu contribución importa. Cada esfuerzo, cada pedacito de trabajo, cuenta en el gran diseño de Dios. Las hormigas habían demostrado que incluso las criaturas más pequeñas podían desempeñar un papel importante en la construcción de algo grande.

CAPÍTULO DOS:
LAS TELARAÑAS

A medida que el Arca tomó forma, elevándose sobre el paisaje, había mucho más por hacer. Noah y su familia trabajaron incansablemente, pero no estaban solos en sus esfuerzos. En lo alto de los árboles y escondido en los rincones de la gran estructura de madera, un grupo de arañas observaban con ojos agudos. Vieron que las vigas se elevaban, que los tablones se sujetaban y que el Arca se unía lentamente.

La Líder Araña, una vieja y sabia tejedora de orbes, reunió a sus compañeras arañas para una reunión. "Tenemos un regalo especial", comenzó, con la voz suave pero firme. "Nuestras redes son fuertes y flexibles, perfectas para asegurar las partes delicadas del Arca. Los vientos soplarán, y la lluvia caerá, pero con nuestra ayuda, el Arca se mantendrá firme. Usemos nuestras habilidades para ayudar en esta gran tarea".

Las arañas estuvieron de acuerdo, deseosas de hacer su parte. Estaban orgullosos de su capacidad para hacer girar intrincadas redes, y sabían que su contribución marcaría la diferencia. Corrieron a través de las vigas y tablones, encontrando los lugares perfectos para tejer sus telas. Cada hilo se colocó con cuidado, cada trama hilada con precisión.

Las arañas trabajaban juntas, sus redes conectaban las vigas, reforzaban las articulaciones y aseguraban los extremos sueltos. Sus redes eran casi invisibles, pero increíblemente fuertes, manteniendo todo en su lugar. A medida que trabajaban, sentían un sentido de propósito y orgullo. No solo estaban haciendo girar telarañas; estaban ayudando a proteger el Arca, asegurándose de que se mantendría fuerte durante la tormenta que se avecinaba.

Noé notó el trabajo de las arañas mientras inspeccionaba el Arca. Tocó suavemente una de las telarañas y se maravilló de su fuerza. "Estas arañas han sido realmente una bendición", pensó. "Sus delicadas telarañas ayudarán a mantener todo seguro, tal como Dios quiso".

A medida que pasaban los días, las arañas continuaron su trabajo, tejiendo y reforzando el Arca hasta que estaba lista para la inundación. Sabían que su contribución, aunque pequeña e invisible, era vital. La tormenta pondría a prueba la fuerza del Arca, pero las arañas tenían fe en sus redes.

Cuando la lluvia finalmente comenzó a caer, el Arca crujió y gimió mientras era levantada por las crecientes aguas. Pero gracias a las telarañas, todo se mantuvo en su lugar. El Arca se mantuvo firme, y los animales dentro estaban a salvo. Las arañas, enclavadas en sus esquinas, sintieron una profunda sensación de satisfacción. Habían utilizado sus dones únicos para servir a un propósito mayor.

Y así, la historia de las telarañas se convirtió en un recordatorio de que todos tienen algo especial que ofrecer. Las arañas habían demostrado que su delicado e intrincado trabajo era tan importante como el trabajo pesado realizado por otros. Al usar sus dones, habían contribuido a algo mucho más grande que ellos mismos, demostrando que ningún talento es demasiado pequeño cuando se trata de cumplir el plan de Dios.

CAPÍTULO TRES:
LOS SONGBIRD SCOUTS

Cuando el Arca se acercaba a su fin, Noé supo que era hora de recoger a los animales. Pero, ¿cómo iban a encontrar su camino hacia el Arca? La tarea parecía abrumadora, pero la ayuda llegó desde arriba, en forma de una bandada de pájaros cantores.

Estos pájaros cantores eran conocidos por sus hermosas melodías. Cada mañana, sus cantos llenaban el aire, trayendo alegría a todos los que los escuchaban. Pero en esta ocasión especial, los pájaros cantores tuvieron una nueva misión. El Líder del Pájaro Cantor, una alondra brillante y alegre, llamó a la bandada a unirse.

"Mis compañeros pájaros cantores," comenzó la alondra, su voz clara y melodiosa, "Dios nos ha dado una tarea especial. Debemos guiar a los animales al Arca con nuestras canciones. Nuestras melodías los llevarán a la seguridad, donde estarán protegidos de la inundación que se avecina. Somos los anunciadores del plan de Dios, y nuestras voces mostrarán el camino".

Los pájaros cantores revolotearon sus alas en emoción. Estaban encantados de desempeñar un papel tan importante. Sin demora, tomaron los cielos, extendiéndose en todas direcciones. A medida que volaban, cantaban sus canciones más encantadoras, melodías que se extendían por toda la tierra.

Los animales escucharon las melodías dulces y edificantes y siguieron el sonido. Los cantos de los pájaros los llevaban a través de bosques y campos, sobre colinas y ríos, hasta llegar al Arca. Los leones, elefantes, ciervos e incluso las criaturas más pequeñas marcharon hacia la gran vasija, atraídos por la hermosa música de los pájaros cantores.

Noé vio como los animales llegaban, de dos en dos, y sonrió con gratitud. "Estos pájaros cantores han sido realmente una bendición", pensó. "Sus canciones han guiado a los animales hacia la seguridad, tal como Dios lo había planeado".

Los pájaros cantores continuaron cantando hasta que todos los animales estaban a bordo del Arca. Sus corazones se llenaron de alegría, sabiendo que habían llevado a otros a un lugar de refugio. Se posaron en las ramas cerca del Arca, sus voces aún resonaban en el aire, un símbolo de esperanza y guía.

Cuando la lluvia comenzó a caer, los pájaros cantores se apiñaron, satisfechos con su trabajo. Sabían que habían cumplido su propósito, usando sus canciones para llevar a otros a un lugar seguro. El líder de Songbird cantó suavemente al rebaño: "Hemos demostrado que la orientación y el liderazgo pueden venir en muchas formas. Hoy, usamos nuestras voces para llevar a otros a un lugar de refugio. Hemos hecho nuestra parte en el plan de Dios".

Y así, la historia de los Songbird Scouts se convirtió en una lección de orientación y liderazgo. Los pájaros cantores habían demostrado que llevar a otros a la seguridad es una tarea alegre y noble. Sus melodías, que alguna vez fueron solo una fuente de belleza, se habían convertido en un faro de esperanza, mostrando que incluso las criaturas más pequeñas pueden ser líderes cuando usan sus dones para el bien mayor.

CAPÍTULO CUATRO:
LA MISIÓN DE LOS RATONES

Mientras el Arca estaba preparada, con animales llegando de cada rincón de la tierra, había una tarea crítica más por completar. En lo profundo de la hierba cerca del Arca, una pequeña familia de ratones vivía en silencio, siempre con cuidado de mantenerse fuera de la vista. Eran pequeños y tímidos, a menudo huían a toda prisa ante la primera señal de peligro. Pero en este día, tenían una misión que requería coraje.

El Líder del Ratón, un anciano sabio y cauteloso, reunió a su familia. "Nos han encomendado una tarea importante", comenzó, con la voz suave pero decidida. "Dios nos ha confiado la recolección de semillas y granos para almacenar en el Arca. Estos serán los alimentos que mantendrán a todos vivos durante la inundación. Aunque somos pequeños y los animales más grandes pueden asustarnos, nuestro trabajo es vital para la supervivencia de todos a bordo".

Los ratones jóvenes se miraban nerviosos. La idea de aventurarse cerca de los grandes animales los llenó de miedo, pero también entendieron la importancia de su misión. Sabían que no podían dejar que sus miedos les impidieran hacer lo necesario.

Con una respiración profunda, los ratones emprendieron su tarea. Corrieron por los campos, recogiendo semillas y granos en sus diminutas patas. Se movieron rápidamente, trabajando juntos para recolectar todo lo que pudieron.

Cada vez que veían un animal grande, hacían una pausa, sus corazoncitos latían, pero luego se recordaban a sí mismos de su misión y continuaban.

Mientras trabajaban, descubrieron algo sorprendente. Los animales más grandes, aunque imponentes, estaban demasiado ocupados con sus propias tareas para notar a los ratones pequeños. Los ratones se dieron cuenta de que sus temores eran infundados, y esto les dio la confianza para completar su misión.

Cuando las nubes de lluvia se reunieron en el cielo, los ratones habían almacenado muchas semillas y granos en el Arca. Habían desafiado sus miedos y logrado algo crucial para la supervivencia de todos a bordo. El Líder del Ratón miró las pilas de comida y asintió con orgullo. "Podemos ser pequeños, pero hemos demostrado un gran coraje. Nuestro trabajo ayudará a sostener la vida durante el diluvio".

Noé notó los esfuerzos de los ratones y se llenó de gratitud. "Estas pequeñas criaturas han hecho algo verdaderamente importante", pensó. "Han reunido la comida que nos mantendrá vivos a todos. Su valentía frente al miedo es un testimonio del poder de hasta los más pequeños entre nosotros".

Cuando la lluvia comenzó a caer, los ratones se acurrucaron juntos en su acogedor rincón en el Arca, seguros y cálidos. Habían enfrentado sus miedos y completado su misión, demostrando que incluso las tareas más pequeñas son esenciales cuando se trata del plan de Dios.

Y así, la historia de la Misión de los Ratones se convirtió en una lección de coraje y la importancia de cada contribución. Los ratones habían demostrado que superar el miedo y completar incluso las tareas más pequeñas puede tener un gran impacto. Su valentía y dedicación fueron un recordatorio de que todos, no importa cuán pequeños sean, tienen un papel esencial que desempeñar.

CAPÍTULO CINCO:
LA LUZ DE LA LUCIÉRNAGA

Mientras la lluvia caía y el Arca se balanceaba suavemente sobre las crecientes aguas, las tinieblas llenaban el cielo. Dentro del Arca, los animales se acurrucaron juntos, seguros pero asustados. La tormenta afuera era feroz, y la noche parecía interminable. Fue en este momento de miedo e incertidumbre que apareció una luz diminuta y parpadeante.

En lo alto de las esquinas del Arca, un grupo de luciérnagas se había refugiado. Eran criaturas pequeñas y delicadas, pero tenían un don especial, uno que se necesitaba desesperadamente durante este tiempo oscuro.

El Líder Luciérnaga, una luciérnaga más vieja y sabia, reunió a los demás.

"Mis compañeras luciérnagas," comenzó, su pequeña luz brillando suavemente, "la tormenta afuera es fuerte, y la noche es oscura. Pero se nos ha dado un don especial, el don de la luz. Usemos nuestra luz para traer consuelo y esperanza a los que nos rodean. Podemos ser pequeños, pero nuestra luz puede hacer una gran diferencia".

Las luciérnagas asintieron de acuerdo. Sabían que su luz podría ayudar a aliviar los miedos de los animales en el Arca. Con un aleteo de alas, se extendieron, cada luciérnaga encontrando un lugar donde su luz brillaría más.

Cuando las luciérnagas comenzaron a brillar, una luz cálida y suave llenó el Arca. Los animales, que habían estado inquietos y asustados, comenzaron a calmarse. El suave resplandor dorado de las luciérnagas trajo una sensación de paz y comodidad. La oscuridad todavía estaba allí, pero no parecía tan abrumadora con la luz de las luciérnagas guiando el camino.

Las luciérnagas sintieron un profundo sentido de honor mientras iluminaban el Arca. Sabían que su luz estaba ayudando a traer esperanza en un momento de miedo. Mientras flotaban sobre los animales, sus luces centelleando como estrellas, se dieron cuenta de que incluso en los tiempos más oscuros, siempre había una manera de traer consuelo y esperanza.

Noé notó la luz de las luciérnagas y se conmovió profundamente. "Estas pequeñas criaturas han traído luz a la oscuridad", pensó. "Su suave resplandor ha calmado la tormenta interior, al igual que la luz de Dios trae paz a los corazones atribulados".

A medida que la tormenta continuaba afuera, las luciérnagas mantuvieron sus luces brillando, sin vacilar. Sabían que su tarea era importante y estaban orgullosos de cumplirla. Los animales, consolados por la luz, se acomodaron para dormir, sabiendo que estaban a salvo.

Y así, la historia de la Luz de la Luciérnaga se convirtió en una lección de esperanza y consuelo. Las luciérnagas habían demostrado que incluso en los momentos más oscuros, un poco de luz puede hacer una gran diferencia.

Su valentía y dedicación recordaron a todos en el Arca que, no importa cuán pequeños, cada uno de nosotros tiene el poder de traer luz y esperanza a los demás.

www.ingramcontent.com/pod-product-compliance
Lightning Source LLC
Chambersburg PA
CBHW080819120726
48001CB00009B/2942